WORDS FOR THE ROAD VII
100 short reflections and puns

ORD MED PÅ VEIEN VII
100 korte refleksjoner og ordspill

Other books written by George Manus:

THOUGHTS, English
TANKER, Norwegian

REFLECTIONS I, English
REFLEKSJONER I, Norwegian

REFLECTIONS II, English
REFLEKSJONER II, Norwegian

REFLECTIONS III, English
REFLEKSJONER III, Norwegian

A WOMAN'S MANY MIGRATIONS, English
EN KVINNES MANGE FLYTTINGER, Norwegian

INNOVATIONS AND CREATIONS, English

THE MAX MANUS COMPANIES -70 years in communication, English
MAX MANUS FIRMAENE - 70 år i kommunikasjon, Norwegian

STORIES & THOUGHTS I, English
HISTORIER & TANKER I, Norwegian

WORDS FOR THE ROAD   ORD MED PÅ VEIEN I   English - Norwegian

WORDS FOR THE ROAD   ORD MED PÅ VEIEN II   English - Norwegian

WORDS FOR THE ROAD   ORD MED PÅ VEIEN III   English - Norwegian

WORDS FOR THE ROAD   ORD MED PÅ VEIEN IV   English - Norwegian

WORDS FOR THE ROAD   ORD MED PÅ VEIEN V   English - Norwegian

WORDS FOR THE ROAD   ORD MED PÅ VEIEN VI   English - Norwegian

WORDS FOR THE ROAD   ORD MED PÅ VEIEN VII   English - Norwegian

WORDS FOR THE ROAD   ORD MED PÅ VEIEN VIII   English - Norwegian

WORDS FOR THE ROAD   ORD MED PÅ VEIEN I X   English - Norwegian

WORDS FOR THE ROADI   ORD MED PÅ VEIEN X   English - Norwegian

You are heartedly welcome to quote from this book, respecting the copyright.

ISBN: 9788743028468

Author: George Manus
Copyright: George Manus
Design and layout: Ole Praud
Illustrations: Laura Hamborg

Print:
Books on Demand, Norderstedt, Germany

Editor:
Books on Demand, Copenhagen, Denmark, www.BoD.dk

e-mail: george.manus@mminnovation.no
Homepage: www.george-manus.jimdo.com

Utgave 2.

Preface

This WORDS FOR THE ROAD VII, the seventh in a row, is dedicated to "Opinions" and given the same subtitle as the others: 100 short reflections and puns.

All my words for the road, which now have reached 700, are expressions of my spontaneous opinions and thoughts when they were put on paper.

Some of them the reader will find obvious while others could have been shaped differently or not be included at all. But, in between there may be some one will take notice off and some that give an afterthought.

If so, my purpose for them is achieved.

The reflection "The sub-goal", written in 1995, which is copied from the book REFLECTIONS I is about golf but is, in my opinion, just as valid when it comes to writing. The expression: "It is not the goal that counts but the process" also applies here. It is reproduced from page 14.

As in the previous WORDS FOR THE ROAD, the table of contents is presented in alphabetical order in both English and Norwegian. In the book the English comes first, with the corresponding Norwegian next to it.

If you should get the feeling that you've heard some of them before, I can assure you it has never been my intention to plagiarize.

I thank Laura Hamborg for the illustrations and my friend Ole Praud for his consultancy work.

The South of Spain
May 2020
George Manus e-mail: george.manus@mminnovation.no

Forord

Denne "ORD MED PÅ VEIEN VII", den sjuende i rekken, er dedikert til "Delmålet" og fått samme undertittelen som de andre: 100 korte refleksjoner og ordspill.

Alle mine ord med på veien, som med denne boken nå er blitt til 700, er uttrykk for mine spontane meninger og tanker da de ble satt på papiret.

Noen vil leseren finne innlysende mens andre kunne vært formet annerledes eller ikke bli tatt med i det hele tatt. Men, innimellom er det forhåpentligvis en og annen som man tar til underretning, eller som gir en ettertanke.

Hvis det er tilfelle er min hensikt med dem oppnådd.

Refleksjonen "Delmålet", som jeg skrev i 1995 og som er sakset fra boken REFLEKSJONER I, dreier seg om golf, men er etter min mening like gyldig når det gjelder andre mål, som for eksempel skriving. Uttrykket: "Det er ikke målet som teller, men prosessen", gjelder også her. Den er gjengitt fra side 16.

Som i de tidligere ORD MED PÅ VEIEN, presenteres innholdsfortegnelsen i alfabetisk rekkefølge både på engelsk og norsk. I boken kommer de engelske først, med de korresponderende norske ved siden av.

Hvis du har følelsen av at du har hørt noen av dem før, garanterer jeg at det aldri har vært min tanke og plagiere.

Jeg takker Laura Hamborg for illustrasjonene og min venn Ole Praud for konsulentarbeidet.

Syd Spania
Mai 2020
George Manus e-mail: george.manus@mminnovation.no

CONTENT

INNHOLD

The Sub-goal

August 1995

 I call it the sub-goal because my intuition tells me that it'll become a sub-goal even though it's been the main goal up to now.

The happy day, the 9th of August, 1995. The goal which seemed impossible to achieve, has been reached.

Oh well, impossible to achieve it probably never seemed, but of its having been high up and a long way away before being reached, there's no doubt.

I've just got home from my local golf course, Oslo Golf Club, it's close to half past nine in the evening and the obligatory bath has been carried out.

At the moment I'm wandering quietly around the dining-room table with a towel around my waist, in an eternal circle, Pocket Memo in hand.

Totally relaxed and with a wonderful feeling in my body.

"Single figure handicap".

The goal has finally been reached. The number 9, not two numbers, just the one. How in the world can it be that something so insane as a tiny number can be of such importance in this context? Only to oneself, of course.

Just two simple little strokes separate me from my previous handicap, which was 11, just two strokes. Whether they're 200 metres or 30 centimetres is of no importance, the fact is that we're only talking about 2 strokes in 36 holes.

Ideally speaking 36 holes should normally be completed in 72 strokes, with a minimal variation depending on the difficulty of each course.

I have opened a bottle of red wine and lit the two candles on the table and is waiting for the chicken to heat up. The rice is almost ready and in one or two minutes, I'll let the peace flow through me.

It was a fantastic round. Impossible for a non-golfer to comprehend, but when I think of having played the course in 77 strokes, five over par for the course, I can barely believe it's true.

It all happened in a Thursday match under perfect conditions, where I with my 11 handicap played to 42 Stableford-points.

Now I understand once again what it means, what the meaning of the thesis I so often use is, namely that: "It's not the goal that's important, it's the process that counts".

Now I've reached my goal, but I realize that from this moment on, it has become a sub-goal. "Single figure handicap", I'll look upon from this day on as a sub-goal and not the goal itself, as just one of the many steps in the stairway. That's how it is.

How many steps the stairway has is unimportant.

Figuratively speaking it could be an infinite number. The thoughts of what my next sub-goal in golf should be, are unclear.

Will I ever be able to repeat the result or, better put, improve it?

It's great to realize that a goal becomes a sub-goal when it's been reached.

Delmålet

August 1995

Jeg kaller det delmålet fordi jeg intuitivt vet at det blir et delmål, selv om det hittil har vært selve målet.
Den lykkelige dag, 9. august 1995. Det målet som har syntes uoppnåelig, er nådd.

Nå ja, uoppnåelig har det vel egentlig ikke syntes, men at det har vært høyt opp og langt frem å nå det er det ingen tvil om.

Nettopp kommet hjem fra golfbanen, Bogstad, klokken er nærmere halv ti om kvelden og det obligatoriske bad er gjennomført.

Nå vandrer jeg stille rundt spisestuebordet med et håndkle rundt livet, i en evig ring, med min Pocket Memo.

Totalt avslappet og med en praktfull følelsen i kroppen.

"Single figure handicap".

Så er altså målet endelig nådd. Tallet 9, ikke to tall, bare det ene.

Hvordan i allverden kan det ha seg at noe så vanvittig som et lite tall kan ha så stor betydning i denne sammenheng? Kun for en selv naturligvis.

Det skiller 2 enkle små slag fra mitt forrige handicap, som var 11, bare 2 slag.

Om de er på 200 meter eller 30 centimeter betyr ingen ting, faktum er at det dreier seg kun om 2 slag på 36 hull.

Ideelt skal 36 hull normalt gjennomføres på 72 slag,

16

minimalt varierende i henhold til de forskjellige baners vanskelighetsgrad.

Har trukket opp en flaske rødvin og tent de to stearinlysene på bordet. Venter på at kyllingen skal bli varm. Risen er nesten klar og om ett eller to minutter lar jeg freden synke inn over meg.

En fantastisk runde var det. Umulig for en ikke golfer å forstå, men når jeg tenker på at jeg spilte banen på 77 slag, fem over banens par, forstår jeg nesten ikke at det er sant.

Det hele skjedde i en torsdag-match under perfekte forhold, hvor jeg ut fra mine 11 i handicap, spilte til 42 stableford-poeng.

Nå forstår jeg enda en gang i livet hva det vil si, hva meningen er med den tesen som jeg så ofte bruker, det at:

"Det er ikke målet som teller, men prosessen".

Nå har jeg jo nådd målet, men innser at det fra dette øyeblikk er blitt et delmål.

"Single figure handicap", betrakter jeg selvfølgelig fra denne dag som et delmål ikke et mål, men kun som et av mange trappetrinn i trappen. Slik er det bare.

Hvor mange trappetrinn trappen har er for så vidt uvesentlig. Billedlig sett kan det være et uendelig antall.

Tanken for hva mitt neste delmål når det gjelder golf skal være, er uklar.

Kan jeg noen gang komme til å gjenta dette resultatet, eller rettere sagt forbedre det?

Det er en deilig erkjennelse dette med at et mål blir til et delmål når det er oppnådd

MEMORIES
Take good care of the Memories from the times you felt on the top. They come in handy in the positive weight.

May 2019

GREAT MOMENTS
Subconsciously we all search for the Great Moments. With an open mind and conscious attitude you will be rewarded.

May 2019

LISTEN TO THE WORLD
Listen to the World. Digest what you hear, make use of what you find valuable and make the best out of the situation.

June 2019

GREEDINESS II
Greed is a bad trait and of course many without social responsibility abuse their position to enrich themselves. It is unfortunately a consequence of human nature and really proves that we are in no way equal.

2016

MINNER
Ta godt vare på Minnene fra de ganger du følte deg på toppen. De kommer godt med i den positive vektskålen.

Mai 2019

STORE ØYEBLIKK
Ubevisst leter vi alle etter Store Øyeblikk. Med et åpent sinn og bevisst holdning blir du belønnet.

Mai 2019

LYTT TIL VERDEN
Lytt til Verden. Fordøy hva du hører, bruk det du finner verdifullt og gjør det beste ut av situasjonen.

Juni 2019

GRÅDIGHET III
Grådighet er en dårlig egenskap, og selvfølgelig er det mange som uten sosialt ansvar misbruker sin posisjon til å berike seg selv. Det er nok dessverre en følge av menneskets natur og beviser egentlig at vi ikke på noen måte er like.

2016

STARS
Billions of Stars give you faith in the infinite - but becomes too big when it comes to dealing with a down-to-earth faith.

July 2019

WHOLE PICTURE
No need to waste time with detailed discussions before a desired overall Picture is clear.

June 2019

EXTREMES
You probably recognize the phrase: "It always blows on the peaks" - but not that the same applies to the Extremes.

July 2019

DATA II
Although I am dependent of using Data, I do all I can to avoid understanding more than I need it for. At my age life is too short for that.

July 2019

STJERNER

Milliarder av Stjerner gir deg troen på det uendelige - men blir for stort når det gjelder å forholde seg til en jordnær tro.

Juli 2019

HELHETSBILDET

Ingen grunn til å kaste bort tid med detaljdiskusjoner før det ønskede Helhetsbildet er klart.

Juni 2019

YTTERLIGHETER

Du kjenner sikkert uttrykket: "Det blåser alltid på toppene" - men ikke at det samme gjelder for Ytterlighetene.

Juli 2019

DATA II

Selv om jeg er avhengig av bruk av Data, gjør jeg alt jeg kan for å unngå å forstå mer enn jeg trenger det til. I min alder er livet for kort til det.

Juni 2019

RAISED GLANCE

It's only with a Raised Glance you can see the peaks, but if you want to reach them it's important to lower the Glance to see where you step.

June 2019

DIFFERENT II

No one on earth sees the same picture at the same time.

March 2019

MYTH

The myth that we are all equal must have a twist for the world not to come to a standstill. We must totally turn around and fully realize that we are all different. Managing that, we are on the right track. Our social system must then be organized so that we, as different individuals, are respected and given the opportunity to develop individually.

2019

HEVET BLIKK
Det er kun med et hevet Blikk du kan se toppene, men skal du nå dem er det viktig å senke Blikket for å se hvor du tråkker.

Juni 2019

FORSKJELLIG II
Ingen mennesker på jorden ser det samme bilde på samme tidspunkt.

Mars 2019

MYTE
Myten om at vi alle er like må få en dreining for at verden ikke skal gå i stå. Vi må snu skuta og fullt ut innse at vi alle er forskjellige. Greier vi det er vi på god vei. Vårt samfunnssystem må deretter tilrettelegges slik at vi som de forskjellige individer vi er, blir respektert og gitt mulighet til å utvikle oss individuelt.

2019.

ON DEMOCRACY VI

Is it not natural that some of those who work in the political establishment do what they can to secure one another by shielding themselves from the insight of us ordinary mortals? In their eyes, we are likely to be too bigoted and incompetent to understand the complexity of the wider picture that concerns governance of society.
The more complex and comprehensive, the more shielded and unapproachable the establishment becomes. Purpose achieved. If Democracy is to function according to its definition, the establishment and the bureaucracy must be made visible and attackable.

2016

OM DEMOKRATIET VI

Er det ikke naturlig at noen av de som arbeider i det politiske etablissementet, gjør det de kan for å sikre seg og sine ved å skjerme seg fra innsyn fra oss vanlig dødelige? I deres øyne er vi antagelig for sneversynte og inkompetente til å forstå det komplekse helhetsbildet det dreier seg om når det gjelder å styre samfunnet.

Jo mer komplisert og omfattende, jo mer avskjermet og utilnærmelig blir etablissementet. Hensikten oppnådd. Skal Demokratiet fungere etter definisjonen må etablissementet og byråkratiet gjøres synbart og angripelig.

2016

ON DEMOCRACY V

In nature, no animals would survive if it were not the strongest and best in the herd that became leaders. A Democracy in the animal world is likely to quickly lead to annihilation.

Maybe it would be wise to think a little more about it.

2016

SELF-CRITICAL

There will always be someone who doesn't talk well about you. If you yourself are confident about what you represent, you should not in any way get touchy.

Never forget to be Self-Critical.

July 2019

LIARS

People who deliberately are Lying, and believe they will get away with it, must be stopped from having leading roles in society, as they are most likely to continue with this bad habit.

July 2019

OM DEMOKRATIET V

I naturen ville ingen dyr overleve hvis det ikke var de sterkeste og beste i flokken som ble ledere. Et Demokrati i dyreverdenen vil antagelig ganske raskt føre til utslettelse.
Kanskje det ville være klokt å tenke litt mer på det.

2016

SELVKRITIKK I

Det er alltid noen som ikke snakker godt om deg. Hvis du selv er trygg når det gjelder det du representerer, tar du deg ikke nær av det på noen måte.
Glem aldri og være Selvkritisk.

Juli 2019

LØGNERE

Folk som med vilje Lyver, og tror de ikke vil bli oppdaget, må stoppes fra å ha ledende roller i samfunnet. Mest sannsynlig vil de fortsette med denne dårlige egenskapen.

Juli 2019

WHO ARE YOU?

The one You have been never come back. The one You are at any time is You.

July 2019

THE SPECIALIST

The unconscious Specialist often lacks broad-mindedness, while the conscious one takes advantage of his Specialization and measures it against other's perceptions.

July 2019

WINNER

It is difficult to Win if you have not learned to lose.

July 2019

TANGO

It's a shame on those who do not understand that it takes two to Tango.

July 2019

HVEM ER DU?
Den Du har vært kommer aldri tilbake. Den Du er til enhver tid er Deg.

Juli 2019

SPESIALISTEN
Den bevisstløse Spesialisten mangler ofte vidsyn, mens den bevisste drar fordel av sin Spesialisering og måler den mot andres oppfatninger.

Juli 2019

VINNER
Det er vanskelig å Vinne hvis man ikke har lært seg å tape.

Juli 2019

TANGO
Det er synd på de som ikke forstår at det skal to til for å danse Tango.

Juli 2019

Bickering
Munnhuggeri

Laura Hamborg

Neglect
Neglisjering

Laura Hamborg

CULTURES MEET

Most people want a world that is best for most people, but since the road to achieving the goal is seen from infinitely many angles, it is doubtful whether one will ever reach it.

The only thing that is certain is that it will take longer than anyone is able to understand.

June 2019

INDUSTRIAL CREATIVITY

Private Industrial Creativity must never be overturned by state controlled Industrial Creativity. Private initiative must never be hindered, as that's where the breakthroughs come from.

July 2019

BALANCING ACT II

Balancing on the line can be crucial in a police control, but if you sit in the seat with good conscience, it means little if the Balance control fails.

June 2019

KULTURER MØTES

De fleste ønsker en verden som er til det beste for de fleste, men ettersom veien for å nå målet ses fra uendelig mange vinklinger er det tvilsomt om man noen gang vil nå frem.

Det eneste som er helt sikkert er at det vil tar lenger tid enn noen er i stand til å forstå.

Juni 2019

INDUSTRIELL KREATIVITET

Privat Industriell Kreativitet må aldri bli veltet av statlig kontrollert Industriell Kreativitet. Privat initiativ må aldri hindres, ettersom det er der gjennombruddene kommer fra.

Juli 2019

BALANSEGANG II

Å Balansere på streken kan være avgjørende i en politikontroll, men sitter man støtt i setet med god samvittighet, betyr det lite om Balansekontrollen feiler.

Juni 2019

FAITH

If you Believe that God, or the good lives within you, everything becomes easier and more understandable. More concentration will be directly on you. It's like when you call a larger company or institution: "All our officers are currently busy. You are served as soon as one becomes vacant" - followed by music and usually long waiting. I am convinced that God, or the good, lives in us all if we choose to Believe in it.

June 2019

BIRTH STATISTICS

According to reports presented today, Norwegian fighter pilots are questioning the Birth Statistics somewhat. The report says that from nineteen ninety-eight, till today, these high-flying fast guys are producing sixty-four and a half percent daughters. I never was a fighter pilot, but still managed a hundred percent female contribution.

2 Feb. 2001

TRO II

Hvis du Tror at Gud, eller det gode, bor i deg, blir alt enklere og mer forståelig. Konsentrasjonen blir direkte på deg. Det blir som når man ringer til et større firma eller institusjon: "Alle våre saksbehandlere er i øyeblikket opptatt. Du blir betjent straks en blir ledig" - etterfulgt av musikk og vanligvis lang venting. Jeg er overbevist om at Gud, eller det gode, bor i oss alle hvis vi velger å Tro på det.

Juni 2019

FØDSELSSTATISTIKK

Ifølge rapporter presentert i dag, stiller norske kampflygere spørsmål om Fødselsstatistikken. Rapporten sier at fra nitten nittiåtte til i dag, har disse høytflygende raske gutta produsert sekstifire og en halv prosent døtre. Jeg var aldri en fighter pilot, men klarte allikevel å produsere et hundre prosent kvinnelig bidrag.

2. feb. 2001

RESPECT II

The one that never give up will always be Respected, even if his prospect of winning is minimal.

June 2019

INVENTOR

The non-genuine Inventor acquires knowledge of what the invention is about and tries to find better solutions. The genuine Inventor stays far away from the existing solutions.
Real inventions are only created that way.

June 2019

IDENTITY

I believe you remain the person you were born all your life. No force on earth can change that.

June 2019

RESPEKT II

Det står Respekt av en som aldri gir opp, selv om utsiktene til å vinne er minimale.

Juni 2019

OPPFINNER

Den ikke genuine Oppfinner tilegner seg kunn-skap om det oppfinnelsen dreier seg om og forsøker å finne bedre løsninger. Den genuine Oppfinner holder seg langt fra det eksisterende. Virkelige nyheter skapes kun på den måten.

Juni 2019

IDENTITET

Jeg tror du forblir det menneske du er født hele livet. Ingen krefter på jorden kan forandre det.

Juni 2019

LEGAL - ILLEGAL

What is Legal and what's Illegal is interpreted as different as there are number of people on earth. The written laws of the various countries are probably respected to a greater or lesser degree, but the morally dependent unwritten ones it's worse with. We can only assume that a majority of humanity is law-abiding.

June 2019

POWERS

Nature is the only one with real Powers and who never considers the values of what it destroys, but also the one who gives life to all of us on earth.

July 2019

ADAPTATION AND SUBORDINATION

Adaptation takes place with balance and equilibrium - while Subordination follows hierarchical models.

March 2019

LOVLIG - ULOVLIG

Hva som er Lovlig og hva som er Ulovlig tolkes like forskjellig som det er antall mennesker på jorden. De skrevne lovene i de forskjellige land respekteres nok i større eller mindre grad, men de moralavhengige uskrevne er det verre med. Vi kan bare anta at et flertall av menneskeheten er lovlydige.

Juni 2019

KREFTER

Naturen er den eneste med virkelige Krefter og som aldri vurderer verdiene av hva den ødelegger, men også den som gir liv til oss alle på jorden.

Juli 2019

TILPASNING OG UNDERORDNING

Tilpasning skjer med balanse og likevekt - mens Underordning følger hierarkiske modeller.

Mars 2019

JUSTICE

I feel certain that the Juridical system in Spain is the same as in the rest of Europe, but my impression is that it is practiced in a very different way.

19 Feb. 2001

THOUGHTS I

It is more pleasant to conjure up the good Thoughts, than to struggle with the bad ones. The latter can become a strain if it happens over time.

1995

HUMANS

A good thing about us Humans is that we are not alike, even if I agree with the Italian saying: "Tutto il mondo è un paece" or in English: "The whole world is one country".

12 Jan. 2001

JUSTIS

Jeg føler meg sikker på at det Juridiske systemet i Spania er det samme som i resten av Europa, men mitt inntrykk er at praksisen er en helt annen.

19. feb. 2001

TANKER I

Det er hyggeligere å mane frem de gode Tankene enn å bakse med de vonde. Det siste kan bli en belastning hvis det går over tid.

1995

MENNESKER

En god ting med oss Mennesker, er at vi ikke er like. Jeg hevder dette selv om jeg er enig med det italienske ordtaket: "Tutto il mondo è un paece" eller på norsk: "Hele verden er ett land".

12. jan. 2001

WOUNDS

Time heals most Wounds they say, and I believe that we all to a certain extent have experienced that. There are times, however, when you start wondering if it's true.

12 Feb. 2001

OPPORTUNITIES AND ABUSE

As long as there are Opportunities there will be Abuse.

21 Jan. 2001

MANAGEMENT II

The best bosses realize that all they Lead are different and treat them from their preconditions. In addition, they possess a personality that stimulates respect and cooperation.

June 2019

FREEDOM AND THOUGHTS

Freedom is to be able to keep the Thoughts for yourself.

March 2019

SÅR

Tiden helbreder de fleste Sår sies det og jeg tror at vi alle til en viss grad har opplevd det. Allikevel lurer man til tider på om det er sant.

12 feb. 2001

MULIGHETER OG MISBRUK

Så lenge det er Muligheter, vil det være Misbruk.

21. jan. 2001

LEDELSE II

De beste sjefene innser at alle de Leder er forskjellige og behandler dem ut fra deres forutsetninger. I tillegg besitter de en personlighet som stimulerer respekt og samarbeidsvilje.

Juni 2019

FRIHET OG TANKER

Frihet er å kunne ha Tankene for seg selv.

Mars 2019

LESS INTELLIGENCE

According to the paper it has now been proven that I am Less Intelligent because of not having had an academic education. I admit having problems understanding the logics in this. English research can tell that babies being born physically skinny also suffer from less Intelligence and they will generally have more problems than babies born fat. I was born very skinny according to my mother.

I never did brag about my Intelligence, but generally feel quite happy with what I have achieved in life so far.

25 Jan. 2001

MINDRE INTELLIGENS

Ifølge avisene er det nå blitt bevist at jeg er Mindre Intelligent fordi jeg ikke er akademiker.

Jeg innrømmer at jeg har problemer med å forstå logikken i dette. Engelsk forskning kan fortelle at også barn som er født fysisk tynne, lider av Mindre Intelligens og de vil generelt ha flere problemer enn barn som er født fete. Ifølge min mor var jeg veldig tynn da jeg ble født.

Jeg har aldri skryt av min Intelligens, men føler meg generelt ganske fornøyd med det jeg har oppnådd i livet så langt.

25 jan. 2001

SPECIAL EFFECTS

A so called "skippertak" in Norwegian is an expression covering what happens when everyone gets together to make an all-out effort to solve a specific problem there and then. It's only made when things have already gone to far, and should not have been necessary if planning and preparation had been better in the first place. Typically, when a "skippertak" has been made one feels satisfied and goes back to the original routines.

4 Feb. 2001

CIGARS

Someone said that women are like Cigars, their fire must be lit often. I think that is very true, but what about us men? Doesn't our fire also needs to be lit every now and then? I believe women who understand this, lead happier lives than those who don't. A good balance in this context I suppose give the best result.

2 Feb 2001

SPESIELLE EFFEKTER

Et såkalt "skippertak" er et uttrykk som dekker hva som skjer når alle går sammen om å løse en oppstått utfordring der og da. Det blir vanligvis bare gjort når ting allerede har gått for langt, og burde ikke ha vært nødvendig hvis planlegging og forberedelse hadde vært bedre i utgangspunktet. Vanligvis, når en "skippertak" har blitt gjort, føler alle seg fornøyd og går tilbake til sine opprinnelige rutiner.

4. feb. 2001

SIGARER

Noen sa at kvinner er som Sigarer, de må tennes ofte. Jeg er helt enig i det, men hva med oss menn? Trenger ikke vi også å bli tent av og til? Jeg tror kvinner som forstår det, lever et lykkeligere liv enn de som ikke gjør det. En god balanse i denne sammenheng gir antagelig det beste resultat.

2. feb. 2001

HEART WARMTH
The Heart Warmth is the cheapest and best kind of heating.

2012

DATA III
You don't become more intelligent because you master the computer - but it's a good hide not to expose more important properties. In other words, there is hope for us who do not take part in that race.

July 2019

TWISTED
With so many Twisted people as it is in world, it would make sense with more criticism against those who are elected to govern and care for us.

July 2019

WIDE VISION
Imagine if we could accept that there is nothing wrong with the others, but that they are just different from us.

July 2019

HJERTEVARMEN

Hjertevarmen er den billigste og beste form for oppvarming.

2012

DATA III

Du blir ikke mer intelligent fordi om du behersker datamaskinen - men det er et godt skjul for ikke å blottstille viktigere egenskaper. Med andre ord er det håp for oss som ikke følger med i det kappløpet.

Juli 2019

FORSKRUDD

Med så mange Forskrudde mennesker som det er i verden, ville det være fornuftig med mer kritikk mot de som blir valgt til å styre og stelle for oss.

Juli 2019

VIDSYN

Tenk om vi kunne godta at det ikke er noe galt med de andre, men at de bare er forskjellige fra oss.

Juli 2019

PENALTY

Long Sentences do not help as a warning to others. Anyone with criminal offenses will run their own race anyway. The good thing is that it keeps those convicted from continuing their law-breaking actions

July 2019

TOLERANCE LIMITS

Tolerance Limits need to be tightened for humanity to survive.

July 2019

NATURE II

Look at Nature - listen to Nature - learn from Nature. Only then is there a little hope for that we can continue our existence.

July 2019

HUMAN QUALITIES

It requires Human Qualities to get acquainted with the situation of others, but managing that you can expect winnings to come.

July 2019

STRAFF

Lange Straffer hjelper ikke som advarsel til andre. De som har kriminelle legninger vil uansett kjøre sitt eget løp. Det gode er at det holder de som er dømt fra å fortsette sine lov-brytende handlinger.

Juli 2019

TOLERANSEGRENSER

Toleransegrensene må skjerpes for at menneskeheten skal overleve.

Juli 2019

NATUREN II

Se på Naturen - lytt til Naturen - ta lærdom av Naturen. Kun da er det et lite håp for at vi kan fortsette å eksistere.

Juli 2019

MENNESKELIGE KVALITETER

Det krever Menneskelige Kvaliteter for å sette seg inn i andres situasjon, men klarer man det venter personlige gevinster.

Juli 2019

DEMOCRACY II
Democracy the way it's practised these days, brings us slowly but surely against major challenges.

July 2019

SPORT
It is of course fantastic that a country is the best in Sports, but it can never be used as a yardstick for the country's quality.

July 2019

DESCRIPTION
It's rear that a beautiful body is related to a well-functioning and intelligent brain.

July 2019

EFFICIENCY
Time multiplexing is the answer to Efficiency.

July 2019

DEMOKRATIET

Demokratiet som det praktiseres i dag, bringer oss sakte men sikkert mot store utfordringer.

Juli 2019

SPORT

Det er selvfølgelig fantastisk at et land er best i Sport, men det kan aldri brukes som målestokk for landets kvalitet.

Juli 2019

BESKRIVELSE

Det er sjeldent at en vakker kropp er relatert til en godt fungerende intelligent hjerne.

Juli 2019

EFFEKTIVITET

Tidsmultipleksoppdeling er svaret på Effektivitet.

Juli 2019

UNDERSTANDING III
For those who do not Understand, no problems exist.

July 2019

SHORT-SIGHTED - FAR-SIGHTED
The Short-Sighted is happy when he has solved the present challenges - while the Far-Sighted already have plans ready for the future before tackling today's challenges.

July 2019

DRAWING SKILL
To have Drawing Skill must be one of the greatest satisfactions one can have.

July 2019

WINE AND QUALITY
Is it something about that old vines produce little crop - but the best wine quality?

July 2019

FORSTÅELSE III

For den som ikke Forstår, eksisterer ikke problemer.

Juli 2019

KORTSYNT - LANGSYNT

Den Kortsynte er fornøyd når han har løst dagens utfordringer - mens den Langsynte allerede har planene klare for fremtiden før han takler dagens utfordringer.

Juli 2019

TEGNEFERDIGHET

Å ha Tegneferdighet må være en av de største tilfredsstillelsene man kan ha.

Juli 2019

VIN OG KVALITET

Er det noe med at gamle vintrær gir liten avling - men den beste vinkvalitet?

Juli 2019

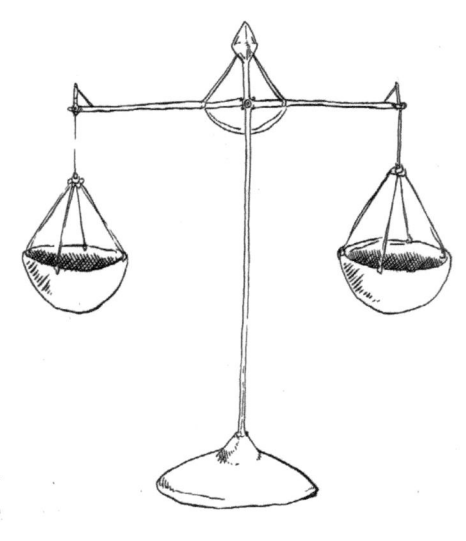

Self evaluation
Selvbedømmelse

Laura Hamborg

The Past
Fortiden

Laura Hamborg

LIFE III

If you mean Life is different than you think, you are wrong.

Aug. 2019

EXPECTATION

Don't Expect anything. Do it yourself and you will know what you have.

Aug. 2019

ABOUT LEARNING II

It's amazing what one can Learn from people if one is observant.

Aug. 2019

THE BEST LEADER

The Best Leader must be able to understand people's abilities, if possible meet their ambitions, and use them according to those.

Aug. 2019

LIVET III
Hvis du mener Livet er annerledes enn du tror, så tar du feil.

Aug. 2019

FORVENTNING
Ikke Forvent deg noen ting. Gjør det selv så vet du hva du har.

Aug. 2019

OM Å LÆRE II
Det er utrolig hva man kan Lære av mennesker hvis man er observant.

Aug. 2019

DEN BESTE LEDEREN
Den Beste Lederen må kunne forstå folks ev-ner, hvis mulig møte deres ambisjoner, og bruke dem i henhold til disse.

Aug. 2019

EYES THAT SEE

In someone's Eyes, we are wrong. This is how it always will be. The big question is how to deal with that challenge?

Aug. 2019

TO WHOM?

Just thinking about you gives me inspiration to live.

Aug. 2019

DISTANCE

The closer one is to the situation the more difficult it is to be objective. Distance expands judgment but weakens detailed insight.

Aug. 2019

ETHICS AND MORALS

It is said that Ethics is the doctrine of Morality and that Morality is norms about how we should behave in life. Focus on humanity. That's what we are in need of maintaining our intrinsic value.

Sept. 2019

ØYNE SOM SER II

I noens Øyner er det vi som tar feil. Slik vil det alltid være. Det store spørsmål er hvordan vi takler den utfordringen?

Aug. 2019

TIL HVEM?

Bare tanken på deg gir meg inspirasjon til å leve.

Aug. 2019

DISTANSE

Jo nærmere man er situasjonen jo vanskeligere er det å være objektiv. Distanse utvider vurderingsevnen men svekker detalj-innsikten.

Aug. 2019

ETIKK OG MORAL

Det sies at Etikk er læren om Moral og at Moral er normer om hvordan vi bør opptre i livet. Fokuser på medmenneskelighet. Det er det vi trenger for opprettholdelse av vårt egenverdi.

Sept. 2019

ROUTINES
Routines are for many the safe road, where one can normally travel without encountering unforeseen challenges.

2015

COMPROMISE AND TIME
If you compromise for too long, it can easily lead to conflict.

Aug. 2019

WAITER
If you don't understand the phrase "An eye on each finger", you should never apply to the Waiter profession

Aug. 2019

ONE DAY
There comes a Day in your life when everything you do is an attempt at procrastination.

Aug. 2019

RUTINER
Rutiner er for mange den trygge landeveien, hvor man normalt kan ferdes uten å møte uforutsette utfordringer.

2015

KOMPROMISS OG TID
Går man på Kompromiss for lenge, kan det lett føre til konflikt.

Aug. 2019

SERVITØR
Hvis du ikke forstår uttrykket "Et øye på hver finger", skal du aldri søke deg til Servitøryrket.

Aug. 2019

EN DAG
Det kommer en Dag i ditt liv hvor alt du gjør er et forsøk på utsettelse.

Aug. 2019

DECADENCE - DECAY - HAUGHTINESS

That "Haughtiness stands for Decay" most are familiar with, but that it means moral Decay, something most religions claim, may not be so well known? The Decadent and the Haughty is therefore little needed in society.

Aug. 2019

OBVIOUSNESS

Of all my REFLECTIONS AND PUNS, many will argue that a great deal of them are Obvious of course. I totally agree with that, but does that mean that Obviousness, on par with the details and trifles, become insignificant? Taking Obviousness for granted will deprive you of something essential, namely the importance of the details and trifles.

Aug. 2019

EXTREMISM

Ruling politicians in our democracies are all responsible for the Extremism's uprising. They beg on their knees for them to promote themselves by acting much to gently in their daily policies.

July 2019

DEKADANSE - FORFALL - HOVMOD

At "Hovmod står For Fall" er de fleste kjent
med, men at det bety moralsk Forfall, noe de
fleste religioner hevder, er kanskje ikke så kjent?
Den Dekadente og Hovmodige er det derfor
lite behov for i samfunnet.

Aug. 2019

SELVFØLGELIGHETER

Av alle mine REFLEKSJONER OG ORDSPILL vil man-
ge hevde at en stor del er Selvfølgeligheter. Helt
enig i det, men betyr det at Selvfølgelighetene,
på lik linje med detaljene og bagatellene bli ube-
tydelige? Å ta Selvfølgelighetene for gitt, fratar
deg noe vesentlig, nemlig detaljene og bagatel-
lenes betydning.

Aug. 2019

EKSTREMISME

Herskende politikere i våre demokratier er alle
ansvarlige for Ekstremismens fremgang. De ber
på sine knær om at de må fremme seg selv, ved
at de handler alt for skånsomt i sin daglige po-
litikk.

Juli 2019

INTOLERANCE

The most Intolerant creatures on earth are us, the humans. Any type of small, and for us harmless creatures invading our territory, we immediately extinguish without trial. Where is justice?

Aug. 2019

FAIR AND UNFAIR II

Who has the patent on Fairness and who judges when it comes to what is Fair and what is Unfair?

Aug. 2019

HINDSIGHT

It is easy to come up with solutions to challenges afterwards: "One should have done ...". Then you have experience to build on. The dubious, but only value it can have, is as guidelines for future challenges of the same kind. But who sees the future in the light of the past?

June 2020

INTOLERANSE

De mest Intolerante skapningene på jorden er oss, mennesker. Enhver type små, og for oss ufarlige skapninger som invaderer vårt territorium, utsletter vi uten rettssak. Hvor er rettferdigheten?

Aug. 2019

RETTFERDIG - URETTFERDIG III

Hvem har patent på Rettferdigheten og hvem dømmer når det gjelder hva som er Rettferdig og hva som er Urettferdig?

Aug. 2019

ETTERPÅKLOKSKAP

Det er lett å komme med løsninger på utfordringer i ettertid: "Man skulle ha gjort...". Da har man erfaring å bygge på. Den tvilsomme, men eneste verdi det kan ha er som retningslinjer for fremtidige utfordringer av samme art. Men hvem ser fremtiden i lys av fortiden?

Juni 2020

DIGNITY
It takes many good qualities to perform with real Dignity.

Aug. 2019

LAUGHTER
That a good Laugh extends life we have all heard, but do not assume that it alone is a guarantee for a long life.

Aug. 2019

APPOINTMENTS
That Appointments are there to be kept is something everyone knows. Therefore, it is incomprehensible how many that don't keep them.

Aug. 2019

EXPENSIVE
Occasionally, an Expensive experience may turn out to be cheap.

Aug. 2019

VERDIGHET

Det skal mange gode egenskaper til for å opptre med ekte Verdighet.

Aug. 2019

LATTER

At en god Latter forlenger livet har vi alle hørt, men ikke sats på at det alene er garanti for et langt liv.

Aug. 2019

AVTALER

At Avtaler er til for å holdes er noe alle vet. Derfor er det uforståelig hvor mange som ikke holder dem.

Aug. 2019

KOSTBAR

Det hender at en Kostbar opplevelse kan vise seg å være billig.

Aug. 2019

CAPACITY

Never have so many done so little for so few. Who feels guilty?

Aug. 2019

EXAGGERATION AND MODESTY

Exaggeration is often revealed and creates distrust, while Modesty creates trust.

Aug. 2019

LEVEL RAISING

With clearly defined goals, one Raises the Level of those reaching them by making the road wider.

Aug. 2019

USELESS II

"You don't understand", is an expression just as Useless as the one "Don't think about it".

Aug. 2019

KAPASITET
Aldri har så mange gjort så lite for så få.
Hvem føler seg skyldig?

Aug. 2019

OVERDRIVELSE OG BESKJEDENHET
Overdrivelse blir ofte avslørt og danner mistro,
mens Beskjedenhet skaper tillit.

Aug. 2019

NIVÅHEVING
Med klart definerte mål, Hever man Nivået på
de som når dem, ved å gjøre veien bredere.

Aug. 2019

UBRUKELIG II
"Du forstår ikke", er et uttrykk akkurat like
Ubrukelig som "Ikke tenk på det".

Aug. 2019

DEATH AND LIFE
Many believe that Death is part of Life. Where do you set the limit?

Aug. 2019

PERFECTIONISM
Who decides what is Perfect and who sets the norms for that? Perfectionism must not become protectionism.

Aug. 2019

THUNDER
Hearing Thunder far away makes you feel alert. When you can feel Thunder within yourself it's more serious.

Aug. 2019

DESPERATION
Never have I been more distant from the one I love.

2016

DØDEN OG LIVET

Mange mener at Døden er en del av Livet. Hvor setter man grensen?

Aug. 2019

PERFEKSJONISME

Hvem bestemmer hva som er Perfekt og hvem setter normene for det? Perfeksjonisme må ikke bli proteksjonisme.

Aug. 2019

TORDEN

Å høre Torden langt borte gjør at du føler deg våken. Når du føler Torden inni deg er det mer alvorlig.

Aug. 2019

DESPERASJON

Aldri har jeg vært fjernere fra den jeg elsker.

2016

SELFISH III

Most of us have a touch of being Selfish. Wise people successfully try to hide it, while others are easily seen trough.

August 2019

INVENTION

If you think you have found the right solution to a challenge after the first attempt to reach a result, you can be almost certain it isn't the right one. It may be acceptable, but most probably not the optimal solution.

2014

INVENTIONS AND CREATIONS

Inventions and Creations are part of an evolution. You must experiment with a variety of possible solutions and only then, after a lot of challenging setbacks, maybe you will find the right, but not necessarily the optimal solution.

2014

SELVOPPTATT III

De fleste av oss har nok et snev av å være Selv-opptatt. Kloke mennesker forsøker med hell å skjule det, mens andre lett gjennomskues.

Aug. 2019

OPPFINNELSE

Hvis du tror du har funnet den rette løsningen på en utfordring etter det første forsøket på å nå et resultat, kan du være nesten sikker på at det ikke er den rette. Den kan være akseptabel, men vil antagelig ikke være optimal.

2014

OPPFINNELSER OG KREASJONER

Oppfinnelser og Kreasjoner er en del av en evolusjon. Du må eksperimentere med en rekke mulige løsninger og bare da, etter mange utfordrende tilbakeslag, vil du kanskje finne den riktige, men ikke nødvendigvis den optimale løsning.

2014

OPTIMAL SOLUTION

Does the Optimal Solution exist, and who can eventually be the judge of that?

2014

INSOMNIA

Everyone is acquainted with the sleep disorder. Do everything you can to become friends with it, a more resilient enemy you can hardly find.

June 2019

NO DISCRIMINATION

Existence of humanity depend of the will to realize that we are all different, not alike, and start building respect for each other from that platform.

March 2019.

COWARDICE

Are you Cowardly when you avoid confrontation with elements that you know from experience are uncompromising?

July 2019

OPTIMAL LØSNING

Finnes den Optimale Løsningen og hvem kan eventuelt være dommer for det?

2014

SØVNLØSHET

Alle stifter bekjentskap med Søvnløsheten. Gjør alt du kan for å bli venn med den, en mer seiglivet fiende kan du vanskelig finne.

Juni 2019

INGEN DISKRIMINERING

Menneskets eksistens er avhengig av viljen til å akseptere at vi alle er forskjellige, ikke like, og bygge respekt for hverandre fra den plattformen.

FEIGHET

Er man Feig når man unngår konfrontasjon med elementer som man av erfaring vet er kompromissløse?

Juni 2019

DISCRIMINATION I

Would it be Discriminating to serve news in two editions - one simple and understandable and the other comprehensive and detailed?

March 2019

FAIR AND UNFAIR I

What is considered Fair to some - may be deeply Unfair in the eyes of others.

March 2019

THE FIRST WORD

How is it that "no" is the First Word little kids learn? It's quite logical as it is the First Word parents hammer into their little heads.

7 Feb. 2001

LEADERSHIP

Leadership is to bring out the best in people and solving challenges.

July 2019

DISKRIMINERING I

Ville det være Diskriminerende å servere nyheter i to utgaver - en enkel og forståelig og en omfattende og detaljert?

Mars 2019

RETTFERDIG - URETTFERDIG II

Det som for noen regnes som Rettferdig - kan være dypt Urettferdig sett med andres øyne.

Mars 2019

DET FØRSTE ORDET

Hvordan har det seg at "nei" er det Første Ordet små barn lærer? Det er ganske logisk ettersom det er det Første Ordet foreldrene hamrer inn i deres små hoder.

7. feb. 2001

LEDERSKAP

Lederskap er å bringe det beste ut av mennesker og å løse utfordringer.

Juli 2019

Thoughts and Steam
Tanker og Damp

Laura Hamborg

Universe
Universet

Laura Hamborg

ETHICS
If one assumes that most people understand what Ethics stand for - It is strange that not more people see the meaning of the word.

March 2019

PREREQUISITES I
Everyone is right on the basis of their Prerequisites.

BALANCE
If people in a cohabitation slow down the partner's ambitions, they must be prepared to face the consequences.

March 2019

ETIKK
Hvis man antar at de fleste forstår hva Etikk står for - er det merkelig at ikke flere ser betydningen av ordet.

Mars 2019

FORUTSETNINGER I
Alle har rett ut fra sine Forutsetninger.

BALANSE
Hvis mennesker i et samliv bremser partnerens ambisjoner, må de selv være forberedt på å ta konsekvensene.

Mars 2019